AF257734

L^{27}n
26311

NOTICE

BIOGRAPHIQUE

SUR

M. A. DESPINE

ANNECY

IMPRIMERIE DE CH. BURDET

—

1872

L 27 n
26311

NOTICE

BIOGRAPHIQUE

SUR

M. A. DESPINE

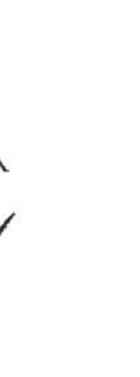

ANNECY

IMPRIMERIE DE CH. BURDET

—

1872

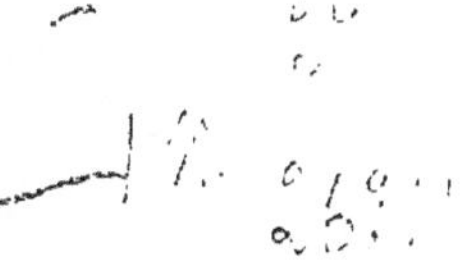

BIBLIOTHÈQUE NATIONALE — R. F. — IMPRIMÉS

DÉPOT LÉGAL — Haute-Savoie — 1872

NOTICE BIOGRAPHIQUE

SUR

M. ALPHONSE DESPINE

I.

Joseph - Louis - Alphonse Despine (1) naquit à Annecy, le 2 avril 1818, de Charles-Antoine Despine et de Péronne-Suzanne Revillod. Son enfance s'écoula partagée entre l'étude et la piété sous la direction d'un père instruit et religieux. — On ne peut se refuser à voir dans ces premières années le germe d'une vie vouée tout entière au travail.

(1) La famille Despine, originaire du Châtelard en Beauges, est fort ancienne. Nous lisons dans les *Notes historiques sur les châteaux et localités de la Savoie, appelés Châtelard*, publiées par M. Despine en 1861 : « Quelques-uns de mes ancêtres y (Châtelard en Beauges) furent à divers titres of-

— 4 —

M. Despine fit élever son fils au collége
Chapuisien d'Annecy, que dirigeait alors
un homme de mérite, M. le chanoine
Bernex. Des succès scolaires multipliés
couronnèrent les studieux efforts du jeune
élève. A dix-sept ans, il venait suivre à
Chambéry les cours de droit. Trois ans
plus tard, désirant arriver au grade de
docteur, il complétait ses études à Turin.
Un brillant et rare succès était réservé au

ficiers des princes de Savoie. Les archives du roi
de Sardaigne possèdent le *livre des familles* et les
comptes où, sous les dates de 1333, 1398, 1415,
1439, 1445, 1482, 1578, 1597 et 1752, on voit
figurer *De-Spina* comme trésorier de guerre, châtelain de Beaufort, de Tarentaise, receveur des
émoluments des sceaux, châtelain du Châtelard en
Beauges, et enfin de Chambéry. Déjà en 1190,
Hugo De-Spina, moine d'Hautecombe, signa, en
cette qualité, un écrit de Rodolphe Alamant et
Aymon de Graysier, approuvant toutes les inves-
titures faites en faveur du Monastère d'Hautecombe
(*Manuscrit de Benon*). Ainsi, par une destinée dont
elle peut s'enorgueillir, la famille qui, depuis plusieurs siècles, acquit et conserva, par ses travaux,
la confiance des comtes de Savoie, voyait encore
un de ses membres représentant du roi de Sardaigne auprès de la République de Genève, lorsque
éclata la Révolution de 89. »

laborieux étudiant : à vingt et un ans, il remportait la *laude*, c'est-à-dire qu'il subissait ses examens, emportant exclusivement des boules blanches.

Après avoir ainsi terminé ses études, M. Despine rentra à Annecy, qu'il ne cessa plus d'habiter. Ce fut à cette époque, vers 1840, qu'il ouvrit à Annecy un cours de droit très-suivi et dont nombre de nos avocats ont tiré le meilleur profit. Ce cours de droit dura jusqu'à l'annexion, c'est-à-dire plus de vingt ans.

M. Despine sut bientôt acquérir, par son savoir et ses talents d'orateur, une place brillante au barreau d'Annecy. Dans les causes nombreuses qui lui furent confiées, on remarqua le consciencieux empressement qu'il mettait à élucider les questions les plus ardues. Les soins minutieux qu'il apportait à son travail le jetaient même parfois dans des détails qui pouvaient paraître exagérés. — A la barre, sa parole était claire, facile et toujours soignée. L'avocat laissait pressentir le littérateur. — Ce langage correct et souvent imagé n'était d'ailleurs que le résultat d'un travail soutenu et témoignait assez de la peine que M. Despine mettait à élaborer ses causes.

Avec un nom bien connu en Savoie et des talents personnels qui auraient pu lui rallier bien des suffrages, M. Despine n'eut jamais l'ambition de jouer un rôle politique. Nous ne sachons même pas qu'il soit entré dans un de nos conseils provinciaux ou départementaux. — Ce caractère doux et conciliant n'était point fait pour la lutte, il sembla même plutôt l'éviter. Dans la collaboration qu'il apporta aux journaux de son pays, M. Despine écrivit surtout comme chrétien et comme historien. Si parfois la critique est tombée de sa plume, cela a toujours été dans l'espoir d'une amélioration utile au pays, jamais dans un but de dénigrement arrêté.

Conservateur par principe du pouvoir établi, il n'avait qu'un parti, celui de n'en point avoir.

Mais si M. Despine se montra réservé en politique, il ne craignit jamais, à d'autres égards, de donner un libre essor à son zèle. Son patriotisme et sa charité ne connurent point les timides calculs du respect humain. Deux œuvres en particulier sont restées l'expression de ce double sentiment. Nous voulons parler de la *Société florimontane* et de la Conférence de Saint-Vincent de Paul, œuvres auxquelles il prit de tout temps une grande part.

La Société florimontane fut fondée en juillet 1851 par un groupe d'amis des lettres, à la tête duquel se trouvait M. Antoine Despine. Ses deux fils secondèrent son initiative, et M. Alphonse est demeuré un des membres les plus actifs de cette société, qui fait d'Annecy un vrai centre littéraire.

Dans la Conférence de Saint-Vincent de

Paul, fondée vers la même époque, M. Despine était président; et Dieu sait avec quel dévouement et quel pieux zèle il remplit toujours les devoirs que cette charge lui imposait.

C'était un exemple précieux pour nous qui en étions les témoins. Mais les pauvres, plus que personne, garderont le souvenir de cette charité si simple et si ardente qui ne se démentit jamais.

Est-il nécessaire de rappeler quels sentiments chrétiens animèrent toujours le cœur de M. Despine? D'une foi et d'une piété vives, il ne cessa de faire l'édification des siens. Ses enfants conserveront précieusement le souvenir des exemples qu'il leur a laissés et qui sont de tradition dans leur famille.

Dans la vie privée, M. Despine était un homme aimable, aux manières douces et avenantes. D'une érudition variée, il était très-intéressant dans sa conversation, à laquelle il aimait à donner un tour plein

de bonhomie, que l'on retrouve parfois
dans ses ouvrages.

Diverses distinctions furent accordées
aux mérites de M. Despine : en juin 1862,
l'*Association des antiquaires de France* le
recevait comme associé-correspondant.
En 1863, le gouvernement italien, voulant
récompenser les services que M. Despine
avait rendus à Annecy par vingt années
d'enseignement de droit, lui accordait la
croix de chevalier des Saints Maurice et
Lazare. Un décret impérial du 28 avril
1864 l'autorisait à porter sa croix en
France.

Enfin, en 1865, il recevait, le 10 mai,
par décret ministériel, le grade d'officier
d'académie

Ce fut à cette époque que M. Despine res-
sentit les premières atteintes du mal qui l'a
emporté. Un surcroît de travail survenu
à l'occasion des fêtes de saint François
de Sales en fut la cause. Depuis lors, il
ne cessa néanmoins de travailler, lut-

tant avec courage contre ses souffrances.

« On eût dit que, pressentant le terme prochain de sa vie, il craignait de ne pouvoir achever la tâche si étendue qu'il s'était imposée.

« Le mal qui le minait fit explosion subitement. Dès le début, il en prévit la fatale issue.

« La religion, qui le soutint toute sa vie, devait adoucir les angoisses de ses derniers moments. Elle le trouva plein de résignation devant la mort, que sa foi si vive et si pure ne lui rendit point aussi redoutable (1). »

Nous écrivions dans l'*Union savoisienne*, numéro du 4 janvier 1872 :

« Dieu accorde ordinairement à ceux qui l'aiment la grâce de se rendre compte de leurs actes jusqu'au moment où il les appelle à lui. M. Despine avait fait trop de bien pour que Dieu ne le comblât pas de

______

(1) *Courrier des Alpes*, numéro du 25 janvier 1872.

toutes ses grâces. — Malgré le mal qui avait enchaîné la plupart de ses facultés, la connaissance lui ˙resta jusqu'au bout pleine et entière.

« Il put ainsi se préparer à la mort qu'il vit approcher sans effroi. — « Il est si doux, si résigné, nous disait naguère une personne de sa famille, et il se rend compte de tout ! »

« Depuis quelque temps, que la maladie avait semblé empirer, une sollicitude toute maternelle avait réuni autour du lit désolé de leur père les enfants de M. Despine, que leurs études tenaient éloignés.

« C'est entouré de l'affection et des soins d'une famille pleine de jeunesse et d'espérance qu'il a rendu son âme à Dieu, le 2 janvier, à deux heures de l'après-midi.

« Il est mort saintement, en bon chrétien, comme il avait vécu. — Il est monté vers Dieu, les mains pleines des ses bonnes actions, laissant à ses enfants un bel exemple à suivre, à ses amis un souvenir vénéré.

« Puissent ces lignes, inspirées par la reconnaissance et la plus respectueuse amitié, offrir quelque consolation à une famille qu'entoure la sympathie de tous ! »

———

II.

M. Despine ne fut point, à proprement
parler, un littérateur. Poursuivant une
voie dans laquelle plusieurs membres de
sa famille ont marché avec succès, il fit
presque exclusivement de l'histoire. Soutenu par un vif patriotisme, éclairé par
des connaissances approfondies et variées,
il fut un *chercheur* infatigable, mais il ne
s'abandonna guère à l'imagination. Comme
historien, il crut, sans repousser rigou-
reusement la légende, ne jamais devoir
lui sacrifier la vérité. Parfois il lui laissa
prendre pied au milieu du désert aride
de dates et de faits que ses recherches
accumulaient. C'était comme une fleur
jetée en passant pour reposer l'attention
fatiguée du lecteur. Mais bientôt avec
une impitoyable rigueur, il chassait brus-
quement cette illusion un moment cares-
sée et s'élançait d'un bond dans le positi-

visme le plus absolu. « Il faut du positi-
visme, disait-il. »

Nous avons tenu à faire cette remar-
que au début de notre étude bibliogra-
phique. Le lecteur sera prévenu que, s'il
ne peut chercher dans les productions de
M. Despine le charme souvent trompeur
de la poésie, il est du moins assuré d'y
rencontrer la consciencieuse exactitude
de l'histoire.

Ajoutons un regret : Parmi les ouvrages dus à la plume de M. Despine, quelques-uns n'ont pu être retrouvés par nous.
Nous nous sommes surtout vu dans
l'impossibilité de réunir les nombreux
articles parus dans les journaux ou Revues
dont il était correspondant. Ces articles
ne sont même pas entre les mains de la
famille de M. Despine, qui n'a pu nous
les procurer. Ces lacunes rendront néces-
sairement notre travail incomplet. Nous
en faisons l'aveu bien franchement.

Afin de faciliter son enseignement de

droit, M. Despine avait fait autographier une *Dictée*, ou *Traité méthodique sur le Code civil sarde*, qu'il remettait à ses élèves. Ce fut, croyons-nous, son premier travail. Nous ne l'apprécierons pas, n'ayant pu nous en procurer un seul exemplaire.

En 1848, M. Aimé Burdet fondait à Annecy l'*Écho du Mont-Blanc*. M. Despine prit une part active à la rédaction de ce journal, qui défendait la cause catholique. — Il y fit paraître une foule d'articles politiques et religieux. — Malheureusement, ces articles n'étant point signés, il est difficile de les reconnaître aujourd'hui. — Nous sommes donc réduits à mentionner simplement cette collaboration, qui dura plusieurs années.

En 1857, le bulletin de la *Société Florimontane* publiait une *Notice historique sur le Saint-Sépulcre d'Annecy*. Par une singulière coïncidence, M. Despine avait été, dans sa jeunesse, témoin de l'incendie de ce monument, l'un des plus anciens d'Annecy. — C'est peut-être en cette circonstance que lui vint l'inspiration de consacrer par une notice un souvenir précieux pour Annecy.

Les chanoines du Saint-Sépulcre, dont l'institution est attribuée à saint Jacques, apôtre, étaient destinés dans le principe à protéger les pèlerins qui se rendaient en Terre Sainte. Le chef de l'Ordre prenait la qualité de patriarche. « Les œuvres des hospitaliers chanoines du Saint-Sépulcre, dit M. Despine, subirent une transformation avec la disparition des circonstances qui avaient présidé à l'établissement de l'Ordre. Plus de lieux saints à défendre, plus de pèlerins à protéger. La vie contemplative succéda à celle active ; et au jour où nous voyons se former la maison d'Annecy, la prière était l'objet principal des profès, bien qu'un hôpital fût confié à leurs soins. » En dehors de leurs pratiques de piété, les chanoines du Saint-Sépulcre étaient encore chargés du service de quelques cures telles que celles d'Etercy et de Saint-Maurice d'Annecy. On attribue aux comtes de Genève la fondation, au XIVe siècle, de la maison d'Annecy, que l'on disait être bâtie sur un vieux temple consacré à Diane. — En juin 1417, le pape Martin V déléguait les archevêques de Tarentaise pour supérieurs, protecteurs et conservateurs des églises du Saint-Sépulcre, de çà et de là les monts, conjointement avec le patriarche dont l'éloignement créait des embarras aux chanoines. La fin du XVIe siècle vit la décadence de l'hôpital et du presbytère d'Annecy. — « Ce fut une nouvelle cause de désorganisation. Fatigués par la vie régulière, les chanoines cherchèrent à s'affranchir de la table commune. » M. Despine nous fait connaître les déplorables luttes engagées dès lors par les chanoines, d'une part, afin de secouer les liens gênants de la règle, et de l'autre par les archevêques de Tarentaise, soucieux de maintenir leur légitime autorité. Les ducs de Savoie se mêlèrent quelquefois à ces luttes, qui durèrent jusqu'en 1774. — A cette époque, le Chapitre semble avoir pris fin par suite de la défense du roi de donner un successeur à Révérend Bergeret, vice-président, mort le 29 octobre. On prétend cependant qu'un membre du Chapitre, Révérend Feuillat, fut témoin de la grande révolution. — « Nous venons d'arriver, dit M. Despine, p. 22, à la disparition de l'ordre et du monument les plus anciens d'Annecy, eux dont la vie s'était prolongée pendant plus de cinq siècles. Coulée, pour ainsi dire, d'un seul jet, la maison du Saint-Sépulcre a marché pendant près de trois cents ans, fidèle à la règle qu'elle avait adoptée ; puis un premier pas en dehors de celle-ci détermina la période de décadence. Il fallait néanmoins que les bases de l'institution fussent établies avec une sagesse bien grande pour que deux siècles aient pu s'écouler avant que l'œuvre ait pu être complètement renversée. »

Cette notice fut tirée à part et forme une petite brochure.

En 1861 , M. Despine confiait à la *Revue savoisienne*, qui avait succédé au bulletin de la Société florimontane, des *Souvenirs* sur le magnétisme. — Ces souvenirs ne manquent pas d'un certain intérêt. Témoin des observations que son père fit sur le somnambulisme, la catalepsie et le magnétisme, M. Despine put se rendre compte de leurs étonnants effets. — D'ailleurs, il ne juge point, il se borne à raconter ce qu'il *a vu.*

Dans la même année, paraissaient les *Notes historiques sur les châteaux et localités de la Savoie, appelés Chatelards*, qui furent ensuite tirées à part. — Ces notes se rattachent d'abord au Châtelard en Semine, puis au Châtelard en Beauges. Des renseignements survenus depuis la publication de ces deux premières parties en ont provoqué une troisième, dans laquelle l'auteur revient sur le Châtelard en Semine avec de nouveaux détails.

Ce travail est terminé par une esquisse précieuse de la vie de Mgr Michel-Gabriel de Rossillon de Bernex, l'un des derniers possesseurs des fiefs du Châtelard en Semine, ce prélat dont Rousseau lui-même disait qu'avec moins d'esprit que saint François de Sales il lui ressemblait sur bien des points (*Conf.*, liv. II).

Cette étude, où M. Despine a déployé cet art et cette patience dans les recherches historiques que nous retrouverons dans tous ses écrits, est vraiment précieuse pour les localités dont il parle. — Combien notre histoire nationale serait enrichie, si beaucoup de gens mettaient le même zèle patriotique à recueillir les documents intéressant les différentes localités de la Savoie !

Les *Recherches sur les poésies en dialecte savoyard* forment un travail de longue

haleine, qui, commencé en 1864, n'avait
point fini de paraître en 1869, — et depuis, est resté inachevé. « Le mouvement
qui dans l'ancienne France, dit M. Despine, en 1824 et en 1852 , exhuma les
chants populaires et réunit les principaux
dialectes, ne s'était pas prononcé en Savoie. Une mine riche s'offrait à moi inex-
plorée ; à peine découverte, elle ne mon-
trait à moi que des filons extrêmement
pauvres : quelques chants égarés, des lam-
beaux à peine animés d'un souffle de
poésie, voilà tout ce que je possédais. —
Les documents écrits me faisaient défaut,
soit parce que s'ils avaient jamais existé,
il s'étaient perdus au milieu d'une littéra-
ture plus féconde ; soit parce que notre
idiome rude, indépendant de règles cer-
taines , avait découragé les essais dont
l'action se trouvait d'ailleurs restreinte
dans d'étroites limites ; enfin la difficulté
d'orthographier cette langue qui n'a pas
d'existence reconnue , qui se modifie de

commune à commune et qui pour figurer aux yeux sa vraie accentuation, aurait besoin d'un alphabet nouveau. Toutes ces causes réunies, je le crois, rendaient excessivement rares les jalons indispensables à une étude raisonnée. »

Grâce à Dieu ! ces difficultés ont été en grande partie surmontées par M. Despine. Ces poésies si populaires, mais si franchement savoyardes et qui retracent si fidèlement les vieilles mœurs de notre antique pays, ne tomberont point dans l'oubli qui les menaçait. — Nous pouvons laisser s'enfuir « ce temps où dans les beaux jours nos grand'-mères, parées de soie et de dentelles, ne dédaignaient point de s'asseoir sur le seuil de leur maison et y devisaient en patois. » Nous pouvons désapprendre ce dialecte naïf dont le rude accent effarouche les oreilles délicates de nos modernes générations. Tout ne sera point perdu pour autant. Le Savoyard, entêté dans son vieil amour de

la patrie (il en est encore), pourra chercher dans les colonnes de la *Revue savoisienne* les inspirations des poètes
d'autrefois, et apprendre leurs gais re-
frains.

Les recherches de **M.** Despine remon-
tent au xvie siècle et passent successivement en revue les œuvres produites jusqu'à nos jours. — De Jean Menenc, régent
du collége de Rumilly en 1590, qui fit
imprimer à Lyon des essais de poésie nationale, il arrive jusqu'aux auteurs, nos
contemporains, les Lyard, les Agnellet,
les Béard.

Presque tous les dialectes de la Savoie
ont fourni leur échantillon à ces études.
Sans entrer dans des détails que ne com-
porte pas le cadre de notre travail, nous
ne pouvons passer sans mentionner ces
noëls aux accents si simples et si vrais, et
ces récits et ces chants qui nous rap-
pellent les hauts faits de nos aïeux et jusqu'aux rivalités de clocher auxquelles un

amour-propre naïf donnait d'étranges proportions.

En vérité ce travail si aride restera comme une œuvre patriotique dont tous les vrais Savoyards apprécieront l'importance. — Quels regrets que l'auteur n'ait pu l'achever !

Nous arrivons à cette année de 1865 qui fut si laborieuse pour M. Despine. Sa Grandeur Mgr Magnin avait décrété un anniversaire bi-séculaire de la canonisation du glorieux saint François de Sales. — C'était une belle occasion pour un chrétien instruit de mettre à contribution les ressources de son érudition. — Malgré tout ce qui avait été dit sur le grand saint, il restait encore tant de choses à dire, surtout si l'on voulait s'attacher à ses rapports avec sa *bonne ville d'Annecy* ! M. Despine, dont les sentiments étaient si profondément dévoués à sa ville natale, n'eut garde de demeurer inactif. — En collaboration avec M. Éloi

Serand, il fit d'abord paraître une brochure in-8° de plus de 160 pages qui précéda les fêtes de l'anniversaire. — Cette brochure avait pour titre : *Saint François de Sales, ses reliques sous la Terreur et Annecy.* « Examiner rapidement les époques saillantes , dit **M**. Despine , p. 7, qui, d'une manière plus intime, lient à notre ville la mémoire de l'écrivain, de l'homme de dévouement et de douceur, de l'apôtre dont une brillante auréole couronne le front; suivre le développement du culte religieux qui n'a cessé de l'entourer; sonder avec prudence et impartialité les actes accomplis dans des époques orageuses dont les derniers témoins vont disparaître; invoquer leurs souvenirs; puiser, dans des registres oubliés, des documents précieux et inédits : telle fut notre pensée depuis le jour où le successeur du saint évêque de Genève eut décrété un anniversaire bi-séculaire. »

Il faut savoir gré à M. Despine d'avoir montré par des preuves authentiques combien notre ville a toujours été pleine de vénération et de dévouement au grand saint dont les reliques nous protégent. Que nous aimons à lire cette clause du traité de reddition d'Annecy à Louis XIII, du 23 mai 1530, stipulant : « *Que le corps du bienheureux François de Sales ne sera pas déplacé de la dite ville !* » Que nous aimons à connaître tous ces témoignages d'attachement et de respect que notre administration municipale ne cessa de donner aux restes mortels du saint prélat, même, dit-on, en 93 ! — Mais surtout quelle reconnaissance ne devons-nous pas à M. Despine d'avoir consacré par son livre l'acte de piété et de dévouement qu'accomplirent des citoyens courageux d'Annecy, dans la nuit du 21 au 22 décembre 1794, pour dérober les saintes reliques à la profanation dont les menaçaient les apôtres de la Révolution ! — Grâce à

lui , les noms glorieux des Burquier,
Amblet, Rochette et Balleydier ne tomberont point dans l'oubli, et Annecy se rap-
pellera toujours avec bonheur et fierté,
qu'en un jour de terreur et de désolation,
quatre de ses enfants ont réalisé un de
ces traits d'audace qu'un pieux amour
peut seul inspirer.

En somme, le livre *saint François de
Sales, ses reliques sous la Terreur,* etc.,
offre un très-grand intérêt pour les rechcr-
ches auxquelles il a donné lieu, et les
documents nouveaux dont il abonde. —
Il restera certainement comme un des
plus sérieux qui aient été faits sur ce sujet.

Ce premier travail en amenait néces-
sairement un autre. — Au mois de juin
1865 paraissait *la Relation des fêtes com-
mémoratives de la canonisation de saint
François de Sales, 19-29 avril 1865.*
Mgr Magnin écrivait, à cette occasion, à
M. Despine une lettre flatteuse dont voici
les dernières lignes : « Je m'empresse

d'avance d'applaudir à votre travail , et de vous témoigner ma reconnaissance de cette œuvre comme d'une dette que je prie saint François de Sales d'acquitter. »

Nous n'apprécierons pas ces pages, écrites rapidement au milieu de l'agitation des fêtes : disons seulement qu'elles sont le fidèle écho des sentiments d'Annecy pendant ces jours de joie où le cœur prit la meilleure part.

Voici d'ailleurs en quels termes M. Despine résume le plan de son travail : « Bien que profondément ému par les souvenirs religieux qui marquèrent chacun des instants de ces heureuses journées, nous prendrons à tâche de rester un simple analyste. Le cadre de notre ouvrage embrassera, autant que possible , de nombreux détails ; eux seuls, en effet, peuvent crayonner la vraie physionomie de ces fêtes devant lesquelles, nous pouvons le dire hautement, tous les fronts se sont inclinés. Nous avons donc cherché à ne point oublier, même jusqu'au fond de nos ruelles les plus reculées, les faits de peu d'importance ; leur prix est grand aux yeux de Dieu comme à ceux des hommes ; car ils représentèrent l'obole du pauvre ; et à notre avis, l'élan général, l'élan spontané est la véritable voix du peuple.. . » M. Despine a atteint le but qu'il se proposait. — Instruit par expérience des peines que rencontre le chroniqueur à rechercher dans le passé les documents intéressant saint François de Sales et Annecy, il a voulu faciliter un semblable travail pour l'avenir. — Sa relation y a pleinement réussi : elle montrera aux siècles futurs de quelle vénération et de quel respect nous avons entouré ces saintes reliques. Puisse Annecy ne jamais abandonner de tels sentiments !

Aux deux ouvrages dont nous venons de parler, nous devons joindre une étude très-sérieuse que fit M. Despine sur le portrait authentique de saint François de

Sales. Dix-huit tableaux furent successivement passés en revue avec un soin scrupuleux et étudiés jusque dans leurs moindres détails. Cette étude, dont chacun apprécie le haut intérêt, est accompagnée d'un dessin représentant le tableau qui a paru offrir à M. Despine les meilleures garanties d'authenticité.

A la suite de recherches dirigées avec bonheur, les anciens bains de Menthon avaient été découverts. Ce fut pour M. Despine une nouvelle occasion de se mettre au travail. Désireux d'attirer l'attention sur des eaux trop dédaignées dont la vertu ne saurait être contestée, il publia, à cette époque, une notice, dans laquelle est établie l'ancienneté de cette source, exploitée déjà du temps des Romains. — Une analyse faite par M. Charles Calloud, de Chambéry, complète cette étude et montre les éléments précieux que ces eaux contiennent. On trouve également à la fin de cette notice deux planches offrant les fac-simile : 1° du plan des thermes romains ; — 2° du plan du bassin de captation ; — 3° de différents objets retrouvés dans les fouilles qui ont été faites en 1865. Ces fac-simile sont dus au crayon de M. Revon, conservateur du musée d'Annecy, dont le talent et le zèle sont également connus.

En 1868, M. G. Vallier, archéologue distingué de Grenoble, faisait parvenir à la Société florimontane une charte émanée du duc Louis de Savoie, le 26 février 1455, et qu'il avait retrouvée dans ses savantes recherches. — Cette charte nous apprend « que les syndics et communautés d'Annecy, se prévalant de je ne sais quels titres ou usages, voulaient astreindre les habitants de Veyrier aux réparations des murailles de la ville. Le duc, saisi du débat, relève de cette charge les *Veyrolains*, en consacrant toutefois pour eux le devoir de travailler à l'entretien et à la défense du château. — Nous pouvons conclure de ce document que la ville d'Annecy entreprenait à cette époque de grands travaux et peut-être un jour y lirons-nous la date de la formation de l'une des trois enceintes qui successivement ont élargi le territoire du municipe. D'autre part, nous pouvons mesurer de ce titre le nombre d'hommes d'armes fournis par Veyrier et y trouver une base pour fixer le chiffre de la force armée savoisienne. Enfin, nous y apprenons que tout en accordant quelque faveur de *sa pleine et entière science*, le duc ne dédaignait pas de recevoir comptant 300 florins. » Ces appréciations sont dues à M. Despine qui accompagna la publication de ce document, d'ailleurs peu important, dans la *Revue savoisienne*, de quelques notes sur le duc Louis.

Ce prince était le second fils d'Amédée VIII (Félix V), petit-fils, par sa mère, de Philippe-le-Hardi, duc de Bourgogne, et deuxième *duc* de Savoie. Il naquit à Genève, le **24** février **1404**, et, revêtu du costume de Cordelier, vint y reposer pour toujours en **1465**, dans l'église des Célestins, à côté d'Anne de Lusignan, sa femme, que les chroniqueurs appellent « *la plus belle femme de son siècle.* »

La création du journal l'*Union savoisienne*, qui eut lieu en juin **1868**, fournit à M. Despine un nouveau terrain sur lequel il put donner un libre cours à sa patriotique activité. — Sans se lancer dans le domaine de la politique, il se fit comme une spécialité de traiter tout ce qui pouvait intéresser la Savoie et principalement Annecy. — C'était le chroniqueur par excellence. — Tantôt il s'efforçait de réveiller une coutume vieillie qui allait s'éteignant devant l'indifférence générale, ou mettait à profit sa connaissance en histoire pour rappeler l'origine oubliée de quelque monument aux pierres noircies, aux assises lézardées ; tantôt, dans un simple *fait local*, il signalait un de ces actes de dévouement et de courage dont les modestes héros passent trop souvent inaperçus , ou bien dénonçait à l'attention publique un abus administratif, une faute publique qu'il est du devoir d'un bon journal de blâmer. — Quelquefois aussi il traita des questions d'intérêt local dans des articles dont la portée fut appréciée.— En un mot, dans sa collaboration à l'*Union savoisienne*, M. Despine se montra, comme toujours, animé du patriotisme le plus dévoué. Parmi ses articles les plus importants, nous signalons un certain nombre de bibliographies consacrées surtout aux ouvrages intéressant la Savoie, plusieurs nécrologies , un long article scientifique sous ce titre : *Intra et extra Muros* ; enfin quelques récits de *pérégrinations* à travers ces vallées qu'il aimait tant, récits pleins de fraîcheur et de jeunesse , où l'humour du Savoyard vient souvent animer les dissertations de l'historien.

L'article *Intra et extra **Muros***, ainsi qu'une partie des *Pérégrinations*, furent tirés à part. — Ces deux travaux sont restés inachevés.

Indépendamment des œuvres dont il était l'auteur, M. Despine prodigua encore ses soins à quelques ouvrages publiés sous sa direction. C'est ainsi que, « heureux d'avoir pu associer sa plume à l'épée d'un brave, » il fit paraître, sous ce titre : *Souvenirs militaires du Frioul*, un feuilleton dont les impressions *d'un vieux de la vieille* firent les frais. C'est ainsi encore que M. l'abbé Clovis Grosset lui confia la publication d'une *Histoire de Megève pendant la Révolution française* qui a pris place parmi les monographies les plus appréciées de notre pays. — Toutefois, nous croyons savoir que dans cette dernière publication, M. Despine eut une part exclusivement directrice. Le mérite des recherches et de la rédaction de l'ouvrage appartient tout entier à M. l'abbé Grosset.

— Nous trouvons dans le *Courrier des Alpes* des renseignements sur un des derniers travaux de M. Despine, travail d'une réelle importance.

« En 1869, un décret du 30 mars avait institué, pour chaque ressort académique, un prix de mille francs , devant récompenser le meilleur ouvrage d'histoire , d'archéologie ou de science. Une commission fut choisie dans nos deux départements et composée de délégués des sociétés scientifiques de la Savoie. La Société florimontane choisit M. Despine pour la représenter. La commission, appréciant sa rigoureuse intelligence, le chargea de rédiger un rapport, qui eut alors un grand retentissement et qui demeure « une production littéraire savante et éloquente. »

Mentionnons encore , avant de terminer, quelques mémoires que M. Despine fit paraître dans le *Bulletin de la Société des antiquaires de France*.

On a trouvé dans les papiers de M. Despine plusieurs ouvrages commencés et dont la publication ne se serait peut-être pas fait attendre beaucoup. Espérons qu'une main filiale ne laissera point perdre le fruit de recherches et d'études dont on peut apprécier l'importance.

Nous voici à la fin de ce travail, qui est plutôt une nomenclature qu'une analyse des ouvrages de M. Despine. Nous n'avons pas l'espoir d'avoir dit tout ce qu'il y avait à dire : telle n'était point d'ailleurs notre prétention.

Nous avons tenu à réunir, comme en un faisceau, toutes ces études qu'une trop modeste insouciance laissait disséminées. Nous avons tenu à montrer quelle fut l'occupation favorite de cet écrivain, dont les jours ont été trop tôt comptés. M. Despine n'avait qu'une préoccupation : parler de sa chère Savoie, la faire connaître, en conserver pieusement les antiques usages. Ses ouvrages resteront comme un témoignage de son ardent patriotisme secondé par un réel talent.

Puissent-ils servir d'exemple à des écrivains à venir, et ainsi nous dédommager un peu de la perte qu'une mort prématurée nous a causée. Ne serait-ce pas la meilleure récompense à accorder aux efforts patriotiques de M. Despine?

Pour nous, en écrivant ces lignes, nous avons tenu à payer notre tribut à une mémoire que nous vénérons. Sans doute, nous sommes resté bien au-dessous de notre sujet. Notre bonne intention compensera l'insuffisance de notre travail.

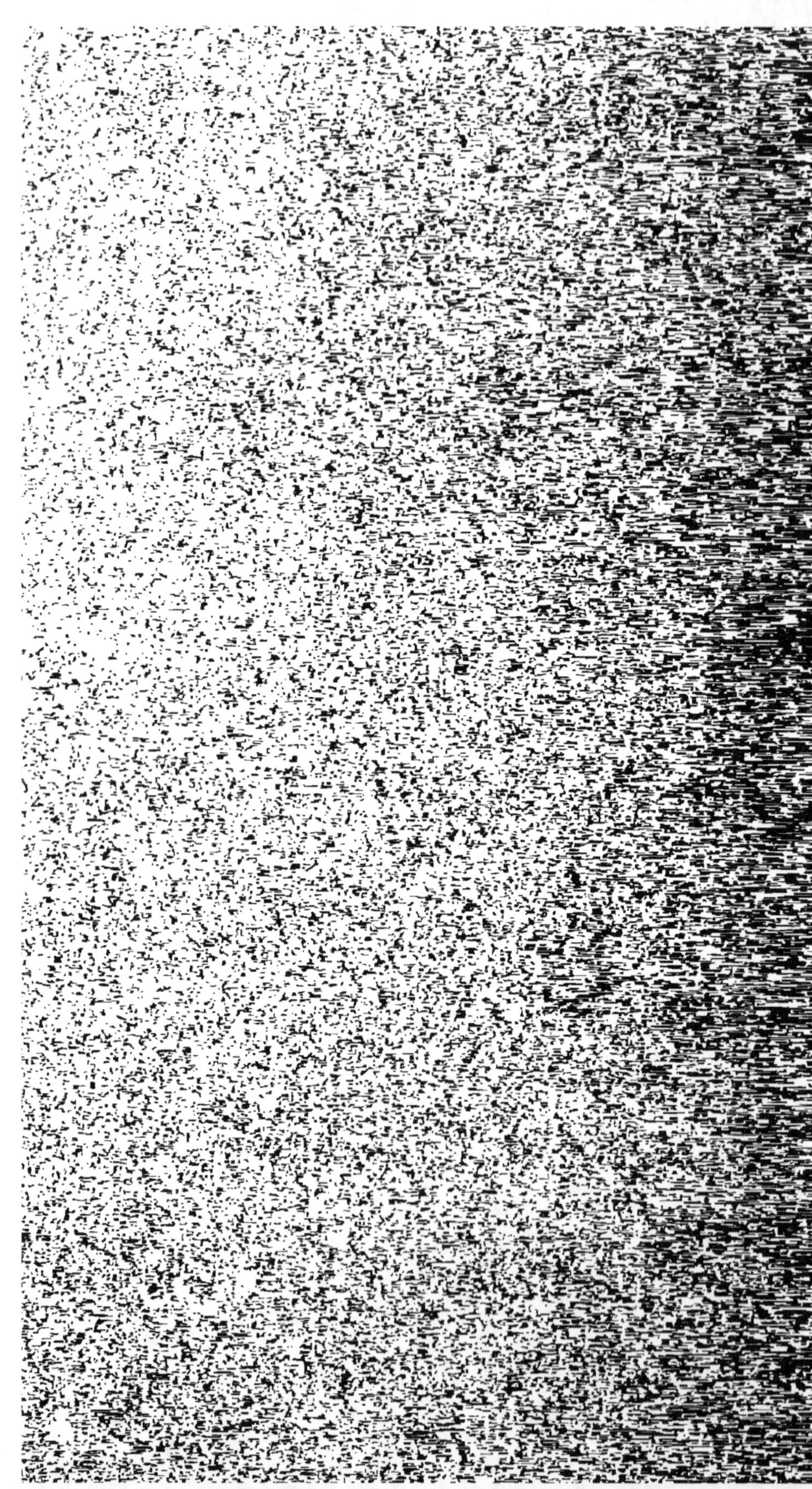